바다를 닮은 하늘

바다를 닮은 하늘

이명국 첫 시집

프롤로그

아직도 현역에서 활발하게 활동하고 있고 경쟁 속에서 기본에 충실하며 항상 쫓기듯 여유 없이 시간은 흘러 10년, 20년, 30년… 습관적으로 출근하고 퇴근하고 일로 인한 중독적인 삶을 살았습니다.

나 자신과의 싸움
무에서 유을 창조
없는 걸 있게하고
안 되는 걸 되게 하고
실력이 아닌 열정으로…
이렇게 항상 분주한 하루하루가
나의 일상이었습니다.

어느덧,
2010년도 정해놓은 버킷리스트 10가지
꾸준히 성실하게 노력한 결과 모두 달성,
자아실현으로 성취하였고

지금은
시쓰기, 그림그리기, 뜨개질, 한복모델, 봉사하기 등등 주도적으로 계획해서 추가된 부분까지 감사하며 편안한 마음으로 도전하겠습니다.

섬세하게 지도해주신 박종규 교수님께 감사드립니다. 시인대학 10기 시인님들께도 감사드립니다.

**2024년 7월 더위가 기승을 부리던 날
시인 이 명 국**

차 례

프롤로그/ 4
제1부 종점/ 11

지하철/ 13
매화꽃 축제/ 14
어버지(1)/ 16
사랑/ 18
종점/ 20
가족사진/ 21
내 어머니/ 22
감사/ 24
똥 이야기/ 26
그리운 고향 집/ 28
보릿고개/ 30
아버지(2)/ 32
주름/ 34

제2부 **빨간등대**/ 35

패랭이꽃/ 37
셋방살이/ 38
꽃길/ 40
만우절/ 42
화려한 외출/ 44
출근길/ 46
도토리/ 48
바다를 닮은 하늘/ 50
김치/ 52
인릉산/ 54
뻥튀기/ 56
여의도/ 57
빨간등대/ 58

제3부 내 손/ 61

명치/ 63
텃밭/ 64
아들/ 66
내 손/ 67
바닷물/ 68
봄 소풍/ 70
이웃/ 71
그럼에도/ 72
빗방울/ 74
풀꽃/ 75
명과 한과/ 76
내비게이션/ 78
가시/ 80
멋진 하루/ 82

제4부 **자화상** / 85

이팝나무/ 87
부부/ 88
오빠 생각/ 90
약속/ 92
봄바람 부는 봄/ 93
자화상/ 94
물음표/ 96
소쩍새 우는 밤/ 98
고향 집 앞마당/ 99
여름 소낙비/ 100
회룡포 가는 길/ 101

에필로그/ 102

제1부 **종점**

지하철
매화꽃 축제
어버지(1)
사랑
종점
가족사진
내 어머니
감사
똥 이야기
그리운 고향 집
보릿고개
아버지(2)
주름

지하철

바다가 파도에 밀려
모여든 모래알처럼 모여들고
부딪쳐 있어도
서로 다른 일정과 여정
고개 숙이고 눈 감고
핸드폰에 몸을 맡긴다

일상의 수단
소통의 공간
가버린 흔적은
허탈하고 쓸쓸한 결실로
매듭진다

매화꽃 축제

설레는 가슴
밤을 지세다
난 벌써 매화꽃 축제장

그림을 그렸다
점점 가까워진다

창 너머 흰 매화꽃 하나둘 셋
가까워질수록
진하디진한 매화꽃 향기

저 멀리 홍매화도 하나 둘 셋
꽃들의 화려한 축제다

당신과 함께
온 마음에 담고 나니
흰 눈이 휘날린다
매화꽃 축제의 향연

아버지(1)

보고픈 마음
내 가슴에 바람이 인다
잠시 잊고 있었나 봐
문득 그리움이 밀려온다

생각만 해도
볼이 뜨거워지고
가슴이 일렁인다

진한 눈썹에
오뚝한 콧날
나의 살던 고향을
자주 부르곤 했던 아버지
메아리처럼 들려온다

저 먼 하늘나라 저편에서
사진 속 아버지
살아 움직이고 계신다.

사랑

빨간 사랑 있을까
노란 사랑 있을까
보랏빛 사랑 있을까

그런 사랑 있다면
얼마나 예쁠까

그런 사랑 있다면
행복 찾아가듯이
끝없이 찾아가지 않을까

사랑은 위대하다는데
거센 힘을 지녔다는데

헛된 생각 버리고
내 이웃부터 사랑하자

모든 게 다 사랑이다

종점

아직은 끝없는

멀어지는 기적소리

종점 없는 횡단 열차 탔다

가도 가도 끝없는 구름 한 조각

우리의 영혼도 끝없는 하늘

말 없는 세월 앞에

허락 못 함에

쓸쓸히 웃음 짓는다

세상 끝은 어디일까

가족사진

그땐 완벽했던 가족사진
웃음 짖던 그 시절

이제는 빛바랜 추억 속에
웃음 한 보따리
젊음 한 보따리
사랑 한 보따리
이제야 보이이네

못다 한 사랑과 그리움
내 마음속의 비상약
가족사진

그리움은
축복이었다

내 어머니

내 마음속에 깊숙이

한결같은 따뜻함으로

머물러 있는 내 어머니

모든 것이 사랑이고

그리움이었다

찬 바람 불어오는 봄날

치장하고 꽃구경 가시는 뒷모습

그때가 잠깐 행복이었다

봄날은 가고

기억 속에 그리움만

쌓여간다

감사

어느 날 문득

은은한 향기에 숨 쉬어 본다

이 순간 내 안에 자유로움에

평화가 넘친다

새로운 재능을 발견하고

창조적 가치를 느낀다

나는

있는 그대로

마음속에 신념을 내려놓고

아무 조건 없이 그냥 모두를 사랑한다

이유 없이 붉게 물든

저녁노을에 포근함에

젖어든다

똥 이야기

내가 똥이라고 놀려댄다
서러워서 울었다

누가 길가에 똥을 쌌다
내가 더럽다고
눈은 땅 위에 쌓여 덮혀
온 세상을 흰 눈으로 밝힌다

따스한 봄날
그 옆에 파란 민들레 새싹 돋아났다
노란 꽃도 피었다
누군가 도와주지 않아도
홀씨 되어 어디론가

훌쩍 떠나 새로운 그곳에 자리 잡는다
나는 곡식도 가꿀 수 있고
채소도 키울 수 있는
위대한 흙이다

지구는 온통 똥 세상이다

그리운 고향집

대천항 가자섬으로
여객선에 몸을 실었다

고동 소리와 함께
그리움을 안고 고향 집을
향해 출항한다

나들이 나온 님들은
서로를 향해 연신 카메라를 눌러댄다

선착장을 향해 어색한 시선으로
폼 잡고 이쪽저쪽
아름다운 섬에 흠뻑 빠져본다

갈매기가
춤을 추며 따라온다

갈매기는
새우깡 입맛에
보답하듯 날갯짓하며 따라온다

모든 것이 선물
저 멀리 은빛 물결이 출렁이고
선착장에 마중 나온 갈매기 떼가
나란히 인사하며 기다리고 있다

보릿고개

철없던 시절
배고픈 시절의 설움
이 모든 것이 초라한 밥상
어머니에 마음은 풍성한 밥상

부족해도 당연한 줄 알고
웃고 울고 서글픔도 잊고
부딪치며 살았고

고됨도 헌신도
누구 탓하지 않고 희망을 꿈꾸며
소박하게 살아온 날들이
이젠 기다림의 추억

지혜를 배우며
현실 앞에 행만이
내 것임을 알 것 같다

지난날을 생각하며
겸손하게 살 터이다

아버지(2)

보고픈 마음에

내 가슴에 바람이 분다

나는 아버지를 닮았다

잊고 있었다

문득 그리움이 밀려온다

생각만 해도 뜨거워진다

얼굴을 떠올려 본다

진한 눈썹

조각 같은 콧날

내가 살던 고향을

자주 부르곤 했다

메아리를 느껴본다

저 멀리 하늘나라에서

주름

어머니에 머리 위에 하얀 수건
그 안에 수많은 희로애락

마음 깊은 곳에 자리잡은
철학 인내 사랑 그리움이 쌓여
그려진 짧은 인생

작아 보여도 그 안에 품고 있는
소중함은 위대한 아름다운 연륜이다

지금이 가장 젊은 날
나는 그림 그리는 무명 화가
무명에 담긴 영혼이어라

제2부 **빨간등대**

패랭이꽃
셋방살이
꽃길
만우절
화려한 외출
출근길
바다를 닮은 하늘
도토리
김치
인능산
뻥튀기
여의도
빨간등대

패랭이꽃

너를 보고 어찌
그냥 갈 수 있겠어

한적한 언덕 둑길에도
자갈밭 틈 사이에도
구불구불 산책길 모퉁이에도
가느다란 핑크빛 꽃봉오리

한 아름씩 알알이 맺혀
나를 기다리고 있네요

셋방살이

아무것도

내 것은 없다

변하는 흐름 속에 맞이하여

하루하루 살아가는 것이

내겐 유일한 휴식처이다

주도권이 있어도

잠깐 스쳐 지나갈 뿐

인생길은 끝없는 셋방살이

풍요로워도 부족하다 해도

빛처럼 모든 것은 흘러간다

삶도 덩달아 따라간다

최선은 다하지만

헛된 욕심 부리지 말고

편안한 여유를 추구하자

꽃길

나는 창가에 꽃을 기른다
햇빛 잘 드는 창가
물먹고 서로 웃으며 이야기한다

사랑만 주었을 뿐인데
보답한다

예쁘게 선명한 색깔로
웃으며 속삭이듯 이야기한다

화려하고 매혹적인 장미 목련화는
아닐지라도
순수하고 소박한 길을 펼쳐준다

아름다운 봄날 산행을 하면 보았다
오솔길 진달래 꽃길
평범한 인생길여도 좋다
그냥 그 길을 걷고 싶다

만우절

단 하루만
용서할 수 있는 거짓말
재미있어 깔깔 웃던 그 모습
사실인 줄 알고 놀라서
당황한 다양한 표정들
왜

만우절에 의미 뭘까
약국에서는 만우절에만 파는 약
그 약은 '만약'이다

거짓말의 본질과 가치
웃어보자는 걸까
여유를 가져보자는 걸까

하얀 거짓말은
소통에 의미였나 보다

화려한 외출

매미의 애벌레 한 마리
땅속에서 올라와 나무줄기 타고 오르며
무슨 생각할까?

아아~ 기다렸다
옷을 벗자
분홍빛 속살이 보이게

누가 볼까
수건으로 감싸고
젖은 몸에 물기
몸부림치며 닦아낸다

설레는 마음
심장은 두근두근
운명의 내 님

기다렸던 외로운 날들
화려하게 변신하고
허락된 날
위대한 만찬을 먹고 마시며 즐기자

가장 애절한 목소리로
간절한 사랑 노래 끝없이 부르다
즐거웠던 만찬도 서서히 끝나 갈 때쯤
이젠 떠나가야만 한다

뜨거웠던 사랑 안고…

출근길

길 따라가다 보면
창 너머 대왕저수지 잔잔하다

물안개 자욱한 호수가 숲길
축 늘어진 수양버드나무들

여리디여린 연둣빛 새싹
물감을 희석해 놓은 듯 여리다

그 위 신작로엔
하얀 자작나무 가로수 사이로
분주한 차들
다들 목적지를 향해 달린다
어디로 가는 걸까

컴퓨터 전원을 켜고
블랙커피 한잔을 마시며
이어리를 꺼내 놓고
하루를 연다

출근길 일상이다

도토리

어릴 적 도토리 땅콩
그만그만 도토리 키제기

도토리를 생각하면
못난이 삼형제
인형이 생각난다

웃고
울고
찡그리고

난 한 없이 작다
각자 생김새도 다르다

겉과 속은 다르지만
한결같은 따뜻한 마음
토속적인 그 맛에
또 기다려진다

바다를 닮은 하늘

하늘을 본다
바다를 본다

바다가 하늘
하늘이 바다

거센 파도도 하늘
새 떼 구름도 바다
하늘에 비친 은물결
바다에 비친 먹구름

캄캄한 밤이면
둘은 하나가 된다

김치

어머니 김치 담그는 날
나는 옆에 쭈그리고 앉아
잔심부름한다
새우젓갈 까나리
갖은양념을 더 넣고
사랑 경험 진실 정을
담아 버무린다

맛깔나다
깊은 김치맛 항아리는
흘러간 세월의
흔적이고 철학이다

그리운 어머니 손맛
그대로 전수되어
맛깔나는 정, 항아리에 담아
나누고 있다

인릉산

4월의 인릉산*
그냥 지나칠 수 없다

초록빛 보석들
연분홍빛 보석들
바람 부는 방향을 따라
형형색색으로 반짝이는 보석산

바람에 떨어진 벚꽃 눈은
호숫가에 알알이 떨어져
진주처럼 영롱한 빛으로
속삭이고 있다

4월은 멈춤이고
모든 것이 사랑이고
기쁨이다

*인릉산: 경기도 성남시 수정구 심곡동에 위치한 산으로 정상은 해발 327m이다. 과거에는 천림산이란 이름이었다가 인릉산이란 이름은 뒤에 순조의 능인 인릉이 위치한 지역의 조산이란 이유로 붙였다. 조산은 풍수지리에서 왕릉을 보살피는 산을 말한다. 산 아래로 내곡터널과 세곡터널이 지나간다. 이곳에서 발원한 물은 세곡천으로 흘러가 서울 강남의 탄천으로 합류한다. 지금은 청계산과 함께 서울 시민이 주말에 많이 찾고 있다.

뻥튀기

어릴 적 오일장에만 오는
뻥튀기 아저씨
기다렸다는 듯이
사람은 모여든다

쌀 보리 옥수수 가래떡
뻥이오
뻥이오
뻥 터지는 소리에
온 시장에 고소함이
바람에 스친다

유일한 간식
추억의 이야기들
그때가 그리워진다

여의도

친구 조카들과
롤러스케이트 자전거 타고 놀던
여의도광장
아무리 변하여도
내 마음엔 어릴 적 뛰놀며 넘어져
무릎 다쳐 아픈 것도 모르고
땀 뻘뻘 흘리며 놀던
추억의 광장이다

빨간등대

희망을 노래하듯
선착장 언저리 우뚝 서
그리운 등불 하나 비춘다

언제부터인지
내 마음 안엔 빨간등대
내 벗이 되어 있다

사랑하는 그대
항상 너를 그리며
유유히 흐르는 바다를 보며
갯마을 바다 내음
바람에 스친다

나에게 희망의 등불
나에게 그대 영원히…

제3부 내 손

명치
텃밭
아들
내 손
바닷물
봄 소풍
이웃
그럼에도
빗방울
풀꽃
명과 한과
내비게이션
가시
멋진 하루

멸치

멸치는 감초다

멸치는 잔치국수다

멸치는 밑 그림이다

텃밭

흙 내음
청상추
적상추
쑥갓 아욱이랑
하트모양 새싹들이
소리 내면 속삭이듯 일어날 듯
그날을 기다린다

봄 햇살 비집고 나온
냉이 달래
한 아름 밥상에 올린다

냉이된장국
달래간장
저녁 밥상 봄의 향기
자연이다
선물이다

아들

먼빛처럼 품 안에
머물러 있던 네가
살포시 내 곁을 떠나
이젠 둥지를 짓고 앉았구나

연 끈이 끊어질 듯
바람에 살랑이네
우리의 연이 별빛 있는 곳까지
날아가길 기도한다

사랑한다
내 아들아

내 손

내 손은 마술사
그림을 그리면 화가
글을 쓰면 작가
요리하면 요라사
뜨개질하면 디자이너

무한한 창의력
풍부한 상상력이
우주 만물 탄생시킨다

내 손은 마술사

바닷물

잉크를 풀어놓은 듯
검푸른 바다
바다를 삼킬 듯한 거센 파도
언제 그랬느냐는 듯
그 바다는
어디론가 사라지고
속살을 하얗게 드러낸다

바위틈 사이 숨어 놀던
돌게 소라 눈멀었지
일광욕하며
자유롭게 뭉쳐 합창한다

파란 하늘
따가운 햇살
신나는 잠깐의 휴식
놀이는 끝나지 않았는데
멀리서 서서히
밀려오는 바닷물
만선의 기적 울린다

봄 소풍

봄 소풍 가는 날
설레는 마음 밤을 지샌다

먼지 날리는 신작로길
전교생이 한나절을 걸어
 왕벚꽃 핀 왕궁저수지
아름다움에 흠뻑 빠져 탄성을 지른다
이폼저 폼 마구 사진을 찍어댄다

김밥 도시락을 먹고 장기자랑 노래하고
게 다리 춤으로 깔깔 웃게 했던 친구가 보고 싶다

어린 시절
즐거웠던 봄 소풍

이웃

우리 동네 이사장댁
우린 식사를 자주한다
진심으로 아끼고
사랑하는 마음 하늘을 닮았다

격은 다르지만
기회만 되면 만찬을 준비한다
소박한 우린 따뜻한 성품에 감격한다

배려하며 서로 챙기는
따뜻한 이웃이 고맙고 감사하다

그럼에도

눈뜨면 아침
돌아서면 저녁

꽃피는가 했더니
초록
단풍

눈도 쌓였었지

내 마음속에
나는 그대로인데
내가 급한 걸까

내 마음은 그대로인데
거울 속에 나는 늙어가고
초라한 연륜의 흔적들

그냥 따뜻한 차 한잔
마시고 싶다

빗방울

가지마다
맺힌 빗방울
수정처럼 영롱한 진주알
그리움을 담은
투명한 크리스탈 영롱하다
햇빛에 반짝인다
녹아내린다

아직도
보고 싶은 마음 담은 채
이슬비는 하염없이
빗방울이 되어 내린다

풀꽃

길모퉁이 울타리
너무 작아 자세히 보아야 보인다
말없이 웅크리고
이팝나무 사이에 미소 지으면 속삭인다

풀꽃도 이름이다
선괭이밥꽃
개꽃마리꽃
벼룩이자리꽃
이쁘다

너를 너무 사랑해
존재가치를 느끼면
촉촉히 이슬은 마른다

명과 한과

어린 시절 어머니는
명절이 돌아올 때쯤이면
놋그릇을 닦고
한과를 빚는다

조그마한 덩이가 부풀어 올라
흰 눈이 소복이 쌓인다
온 마을에 달콤한 생강
향기가 퍼진다

한과 옛이야기 담겨 있는
이야기책이다

까만 기와지붕
놋그릇
한지를 발라놓은 창살
모두 다 그리움이다
잊혀진 추억이다

내비게이션

청량한 여자 목소리
목적지를 향해 약속한다

지점을 가까이 놓고 돌고 있다
몇 번에 실수를 통해 약속을 지킨다

나는 매일 꾸짖고 싸운다
아니거든
똑바로 알려줘
그래 그렇게

그를 통해 역할의
중요함을 깨닫는다
우리 일상도 그렇다
시행착오을 반복하며 사는
미완성 작품이다

가시

가시덤불
함부로 지나가지 말아요

장미 가시 예쁘다고
함부로 꺾지 마세요

상처가 아물지 않아요

생선 가시
함부로 먹지 말아요

천천히
조심조심
가시는 중심이어요

기둥이 무너지면
모든 연결 고리에
매듭은 끊긴다

인내를 배우고
무너지지 않는
우뚝 솟은 동산이다

멋진 하루

토요일 아침
파란 하늘 하얀 구름
유난히 화창한 봄 햇볕

창 넘어 초록산
절정으로 빛나는 연둣빛 보석
그윽한 커피 향이 온 산에 퍼진다

케니지 색소폰 연주를 들으면서
나는 시를 쓴다

속살이 보이던 자작나무도
연인을 만나 서로 감싸 안고
춤을 추며 사랑을 나눈다

나지막한 산자락
애달픈 바람 소리에도
한 폭의 그림은 완성되어 간다

오늘 같은 멋진 날엔
누구나 시인이 된다

제4부 **자화상**

이팝나무
부부
오빠 생각
약속
봄바람 부는 봄
자화상
물음표
소쩍새 우는 밤
고향 집 앞마당
여름 소낙비
회룡포 가는 길

이팝나무

5월의 산과 들엔
흰 눈이 소복소복
하얀 쌀밥도 수북수북
여기에도 저기에도 꽹과리 소리
골짜기마다 울려 퍼진다

둥실둥실 춤추며
흥겹게 콧노래 소리
귓가에 맴도는 쌀밥나무
쌀밥에 소고기뭇국
한 사발 말아먹고
살이 꽉 찬 보름달을 쳐다보자

부부

영원한 친구
언제 어디든지 함께
갈 수 있는 동반자

말로 표현하지 않아도
서로 눈빛만 봐도 덤덤한 몸짓
커다란 둥근 바위 마음은
청춘을 노래하는 뻐꾸기
섬 바다 등대 방파제가
제자리 지키듯
쓸쓸하게 옆을 지켜준다.

나도 옆에 나란히 서 있다
우린 언제나 전성기
모든 소유물은 다 놓고 가도
추억은 가슴속에 꼭 가슴에 안고 간다고…

쌓여가는 한편에 추억
서로 부딪치며 맞추는가는 흩어진 일상
퍼즐은 또 맞추어 간다

하나인 듯 하나가 아니고
둘인 듯 신비한 넓은 바다
높은 등대다

오빠 생각

66년을 마음속에 함께 했던 오빠
커다란 산이고 바다였다

작년 여름 영원한 안식처로 갔다
고통은 없는지
아프지는 않은지
잊혀지지 않는다
문득문득
순간순간
얼마나 아팠으면 오빠가

아쉬움만 가득 안고
가야만 했는지 상상할 수 없다
보고 싶다 보고 싶다

오빠가 병상에 누어
나에게 말했다

이제는 꿈에서나 만나자
마지막 대화였다
내 마음 아픔이고 상처이다
유년 시절 수박 한 덩이 사서
외갓집 가던 신작로 플라타너스 가로수는 그대로 인데
그리움만 아쉬움만 남기고
보고 싶다 보고 싶다
눈을 뗄 수가 없다
글을 멈출 수가 없다

작별해야만 하는데
용기가 나질 않는다
마음에 묻고 기도해 보자
아프지 마세요

약속

기다림이다
배려이다
희망이고 신뢰이다

약속은 나와의 싸움
포기 말고 끝까지 도전해보자

약속을 통해
성공도 꿈도 사랑도
내 삶에 목적지가 정해진다

해 질 녘
쉴 수 있는
내 집까지

봄바람 부는 봄

풀 내음 가득한 봄날
바람 소리도 정겹다

봄바람 얼굴을 스치며
오솔길을 둘리 걸었다

봄바람 꽃바람
봄바람 사랑 바람

당신 가슴에도 꽃을 피우듯
봄바람 가슴에 담고
봄바람을 사랑했으면 좋겠다

산 위에 피어나는 안개도
봄바람에 몸을 싣고
서서히 하늘로 날아간다

자화상

가장 행복한
자화상을 그려보자
하얀 도화지 여백을 하나하나 채워 간다
우아한 나를 그릴까
화려한 나를 그릴까
스케치한다
무정한 마음까지

카타리 음악을 들으며
눈썹은 세듯이 한올 한올
붓으로 섬세한 터치
형형색색 아이섀도우
선을 이어가는 그라데이션
깊어 보이는 매력적인 눈매
길어 보이는 속눈썹
오똑한 콧날
사랑스러운 볼
도톰한 입술

음영에 조화로움
카타리 무정한 마음
음악도 서서히 끝나간다

여백은 메꿔지고
그윽한 향기가 퍼진다
아름다운 탄생의 향기
붓은 움직인다
그림을 그리듯 자화상도 완성되었다

여자의 변장은 무죄
창밖에 비는 촉촉이
하염없이 내리고 있다

나는 카페에 앉아
누군가 생각하며
따뜻한 커피를 마시고 있다

물음표

이거 빵이야
무슨 꽃이야

오늘은 어디가
뭐할 건데

이건 책이지

온종일 물어보아도
끝이 없다

내일도 모레도
끝없는 공감 여백을
채울 수 있는 언어
물음표

소쩍새 우는 밤

초승달 달빛 아래
산천은 고요히 잠들고

소쩍새는 밤새워 소~ 쩍 소~ 쩍
소쩍소쩍 소쩍소쩍
애절하다.
기다림에 지쳐가도 소~쩍 소쩍
소쩍 소쩍
사랑하는 님은 아무리
불러도 불러도 대답 없다.

동틀 녘 산천도 잠들고
소쩍새도 님의 품에 안겨 꿈꾼다
나도 동틀 녘에서야
뒤척이다 잠든다

고향 집 앞마당

기다렸다는 듯
앞마당 화려하게 핀 양귀비
가냘프고 어린 벗들
양귀비꽃

활짝 웃고 미소 짓는다
조용히 속삭인다
한바탕 재롱부리고
기다렸다는 듯
손잡고 뺨에 얼굴을 비벼댄다
꼭 안고 사랑을 느낀다

모처럼 찾은 고향 집
빨강 분홍 하양 양귀비꽃
어여쁘다 사랑스럽다
웃음만 나온다

여름 소낙비

천둥 번개
한바탕 소낙비
장대 같은 소낙비
실록에 나뭇잎은 축 늘어지고
나뭇가지 사이로
잠시 햇빛이 비친다.

앞산에
하얀 물안개가 피어오른다
흙탕물 덮인 신작로 가로수길
강한 빗줄기로 뒤엉킨
여름 천둥 번개 소낙비
강렬한 태양이 그립다
짙어진 신록이 그립다
매미 울음 소리가 요란하다

회룡포* 가는 길

청 통바지
청 자켓 걸치고
물빛 베레모
까만 선글라스
들뜬 마음 안고 집을 나선다

철없이 뛰어놀던
몸짓이 즐겁다.
얼싸안고 춤춘다
들뜬 마음 얼싸안고
여기저기
와인 잔 부딪치는 글라스 소리 요란하다

*회룡포; 경북 예천군 용문면 대은리 낙동강의 지류인 내성천이 휘감아 돌아 모래사장을 만든 곳이 회룡포이고, 그 안에 마을이 들어서 있음.

에필로그

시인대학 시쓰기 과정을 통해서
우주 만물이 시의 소재 된다는
사실을 알았습니다.

하늘에 둥실둥실 떠 있는
구름을 보고 감탄하며 시상을 떠올리고
바다가 출렁이는 은빛 물결
섬마을 등대는 나의 희망. 꿈
물안개 덮인 푸른 산
벚꽃잎 휘날리는 호수가
들꽃. 들풀 들까지 모든 것이
참 소중하다는 것을 깨달았습니다.

이제는
나를 둘러싸고 있는
모든 것을 사랑하며 살겠습니다.

저에게도 이런 기회를 통해
시인이라는 이름으로 재탄생되었습니다.

앞으로 제2시집도
꿈꿔봅니다.

감사하며
사랑합니다.

2024년 7월 20일
시인 이 명 국

초판 인쇄	2024년 07월 23일
초판 발행	2024년 07월 25일
지 은 이	이 명 국
발 행 처	다담출판기획 TEL : 02)701-0680
	서울시 영등포구 영신로30길 14, 2층
편 집 인	박 종 규
등 록 일	2021년 9월 17일
등록번호	제2021-000156호
I S B N	979-11-93838-19-8 03800
가 격	12,000원

본 책은 지은이의 지적재산이므로 무단전재와 복제를 금합니다.